3-6 ans
Maternelle

# Mon cahier effaçable

## J'écris les lettres MAJUSCULES

J'ÉCRIS, J'EFFACE
À utiliser avec un feutre effaçable et un chiffon humide
ET JE RECOMMENCE !

hachette
ÉDUCATION

# Conseils pour bien tenir son feutre

Tu peux utiliser n'importe quel feutre effaçable pour écrire dans ton cahier.
Effacе ensuite avec une petite éponge ou un chiffon humide et entraîne-toi plusieurs fois.

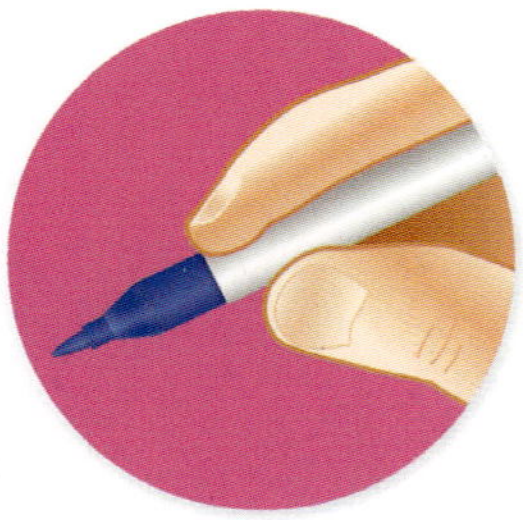

1. Place ton feutre entre le pouce et l'index.
2. Laisse reposer ton feutre sur le doigt du milieu. Ne serre pas trop fort le feutre.
3. Tiens le feutre proche de la mine, mais pas trop près non plus !

Deux modèles de lettres sont proposés dans la page, l'un à gauche, l'autre à droite.
Si tu es droitier, tu suivras le modèle placé à gauche de la page ;
si tu es gaucher, tu regarderas le modèle à droite de la page.

**Attention, il faut toujours écrire de la gauche vers la droite !**

**Les droitiers**

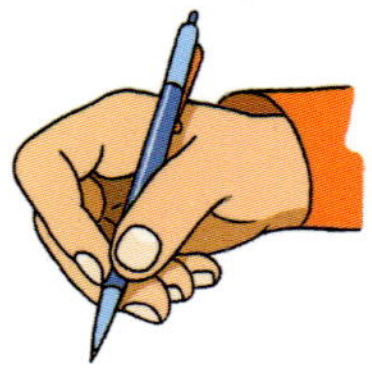

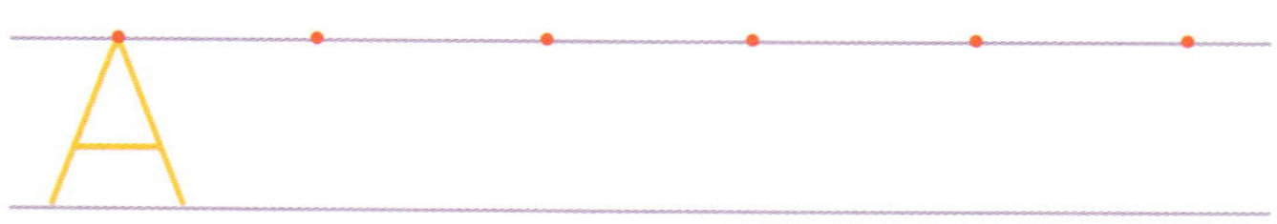

**Les gauchers**

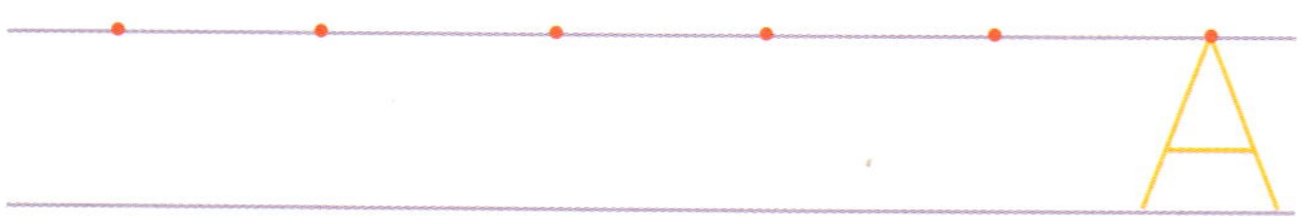

**ISBN :** 978-2-01-726948-9
© Hachette Livre, 2025
58, rue Jean Bleuzen, CS 70007,
92178 Vanves Cedex
www.parascolaire.hachette-education.com


**Couverture**
Astrid Payet
**Intérieur**
Conception graphique : Astrid Payet
Mise en pages : CB Defretin
**Édition :** Emmanuelle Saint


Achevé d'imprimer en décembre 2024 par Rotolito en Roumanie
Dépôt légal : janvier 2025 – Édition 01

Rémy a trouvé de jolies cerises pour réaliser une tarte.
Repasse sur les pointillés pour tracer les queues.

Repasse sur les pointillés en partant du point pour tracer ces lettres A.

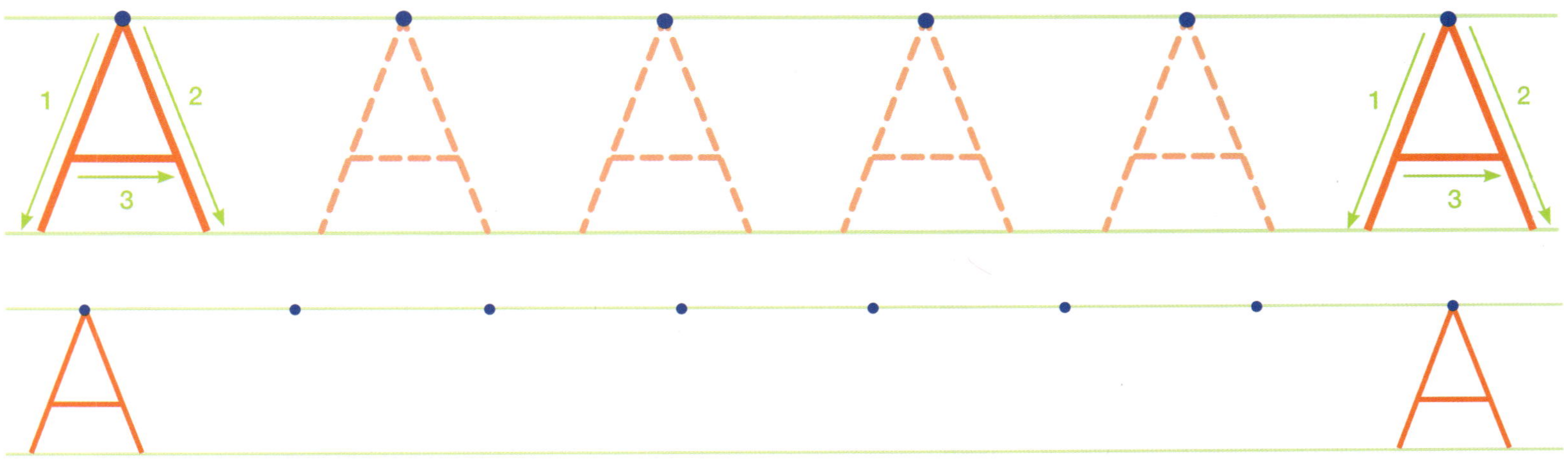


Repasse sur les lettres en pointillés pour compléter ces mots.

ANANAS

RAT

ARBRE

ASSIETTE

Ariel rencontre beaucoup de poissons différents dans la mer !
Repasse sur les pointillés pour tracer les écailles de ce poisson.

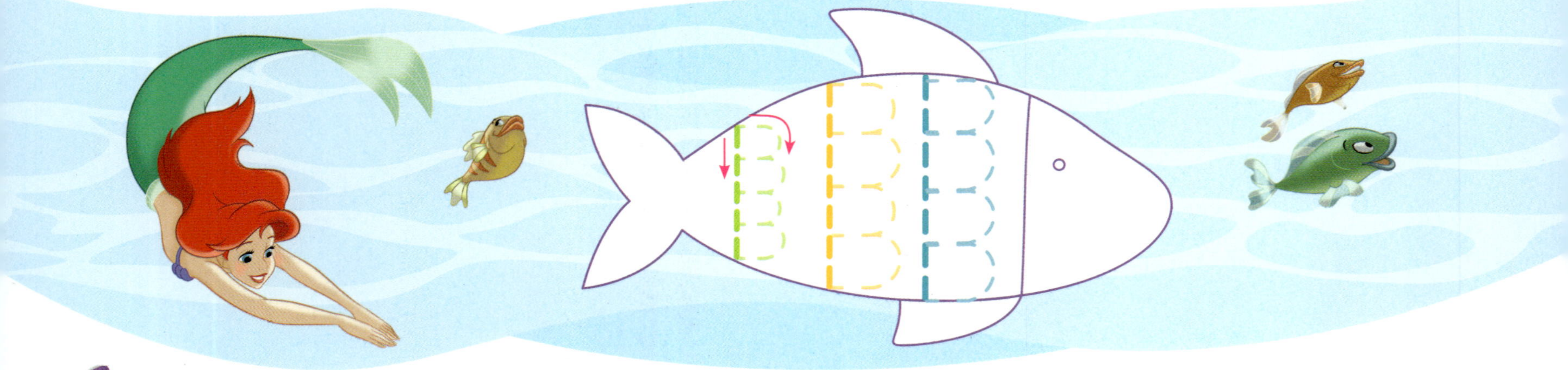

Repasse sur les pointillés en partant du point pour tracer ces lettres B.

Repasse sur les lettres en pointillés pour compléter ces mots.

SÉBASTIEN ET
POLOCHON FONT
PLEIN DE BULLES !

Les chiots s'amusent à envoyer une balle dans le trou près du drapeau.
Repasse sur les pointillés pour tracer la trajectoire des balles.

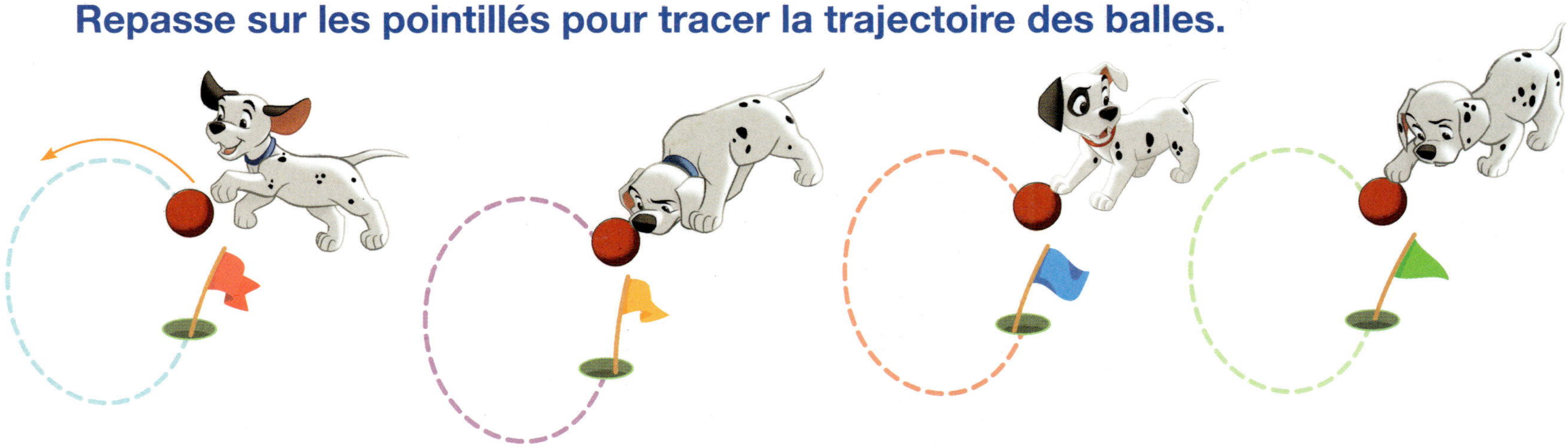

Repasse sur les pointillés en partant du point pour tracer ces lettres C.

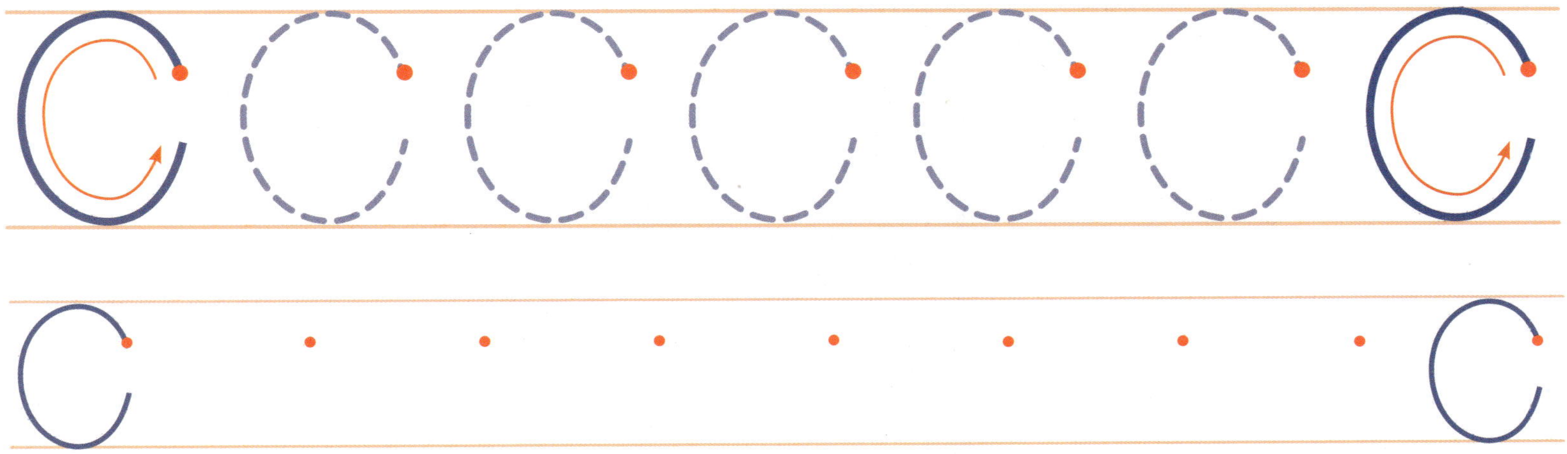

Repasse sur les lettres en pointillés pour compléter ces mots.

 _OLLIER

 ABRI_OT

 _ADEAU

 _A_TUS

Belle part en voyage ! Repasse sur les pointillés pour dessiner les poignées de ses valises.

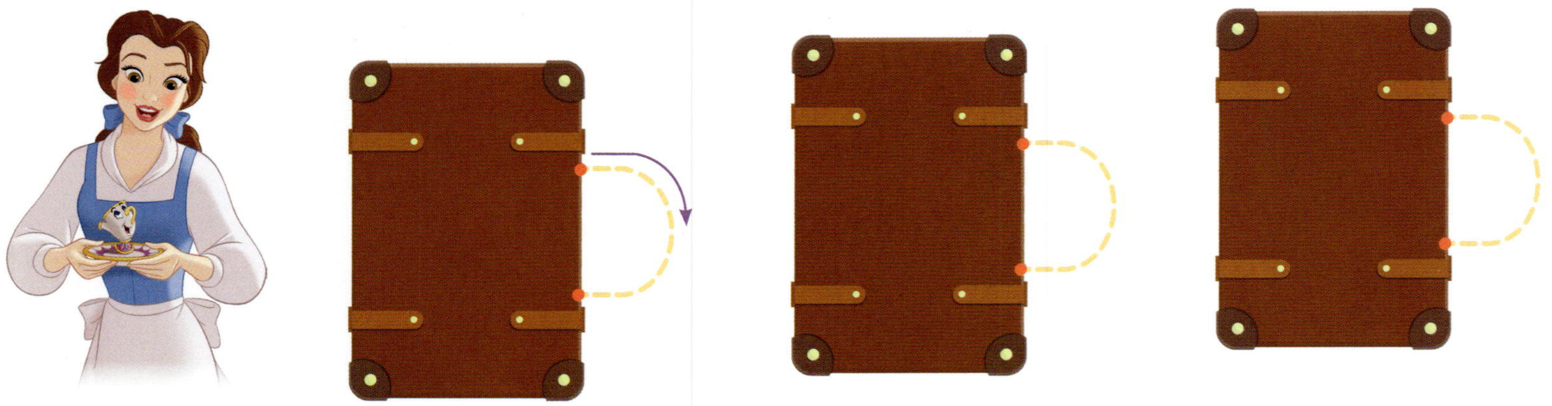

Repasse sur les pointillés en partant du point pour tracer ces lettres **D**.

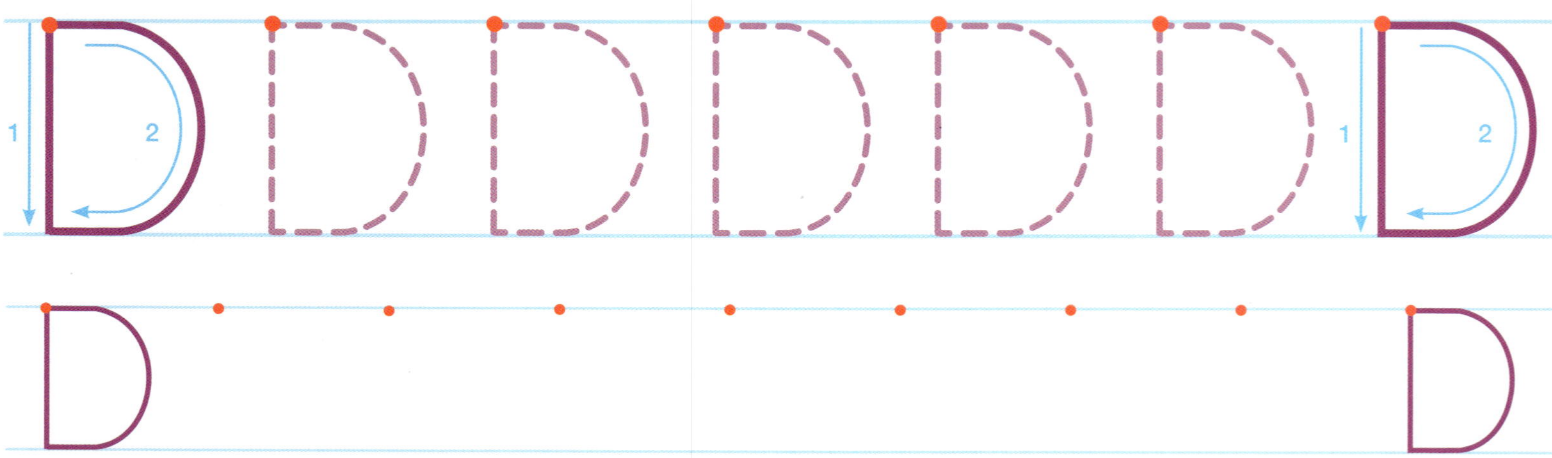


Repasse sur les lettres en pointillés pour compléter ces mots.

DOMINOS

SALADE

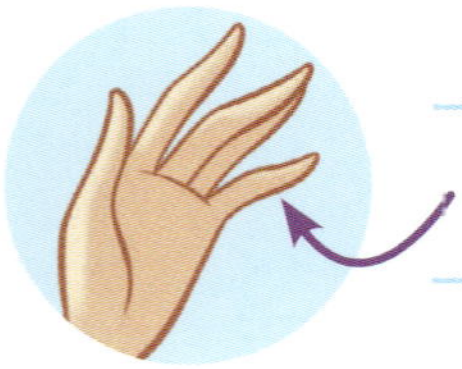

DOIGT

RADIS

Ariel a trouvé plusieurs fourchettes au fond de l'océan pour son trésor !
Repasse sur les pointillés pour dessiner les dents des fourchettes.

Repasse sur les pointillés en partant du point pour tracer ces lettres **E**.

1 2 3 4

E E E E E E E

E E

Repasse sur les lettres en pointillés pour compléter ces mots.

ÉTOILE

SÉBASTIEN

ÉRIC

**Mirabel a trouvé de nombreuses clés cassées ! Repasse sur les pointillés pour les réparer.**

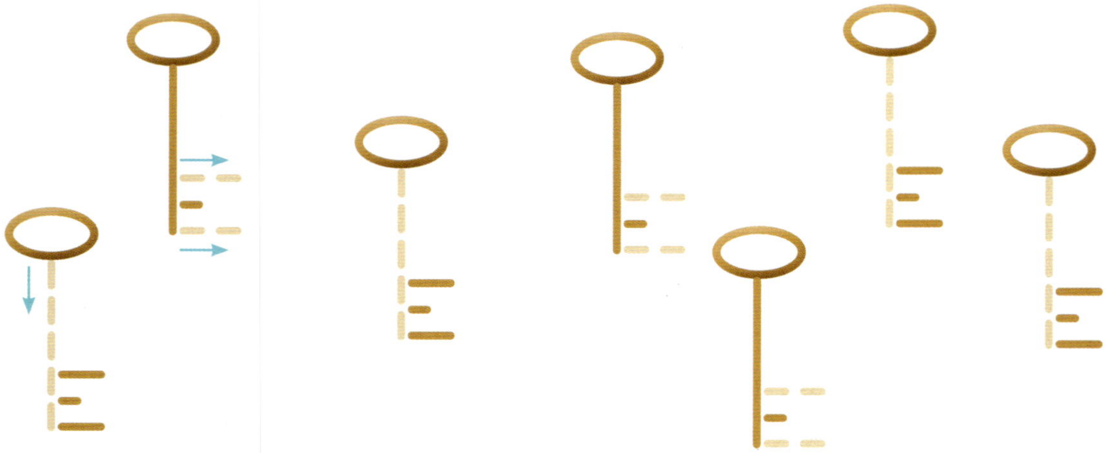

**Repasse sur les pointillés en partant du point pour tracer ces lettres F.**

1 2 3 F

**Repasse sur les lettres en pointillés pour compléter ces mots.**

QUELLE

FORMIDABLE

FAMILLE !

Aide chaque insecte à se cacher sous les pierres avant que Timon ne les attrape ! Repasse sur les pointillés pour tracer leurs chemins.

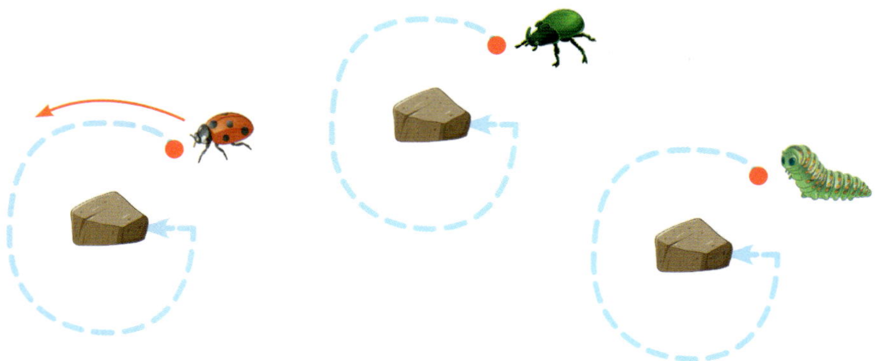

Repasse sur les pointillés en partant du point pour tracer ces lettres G.

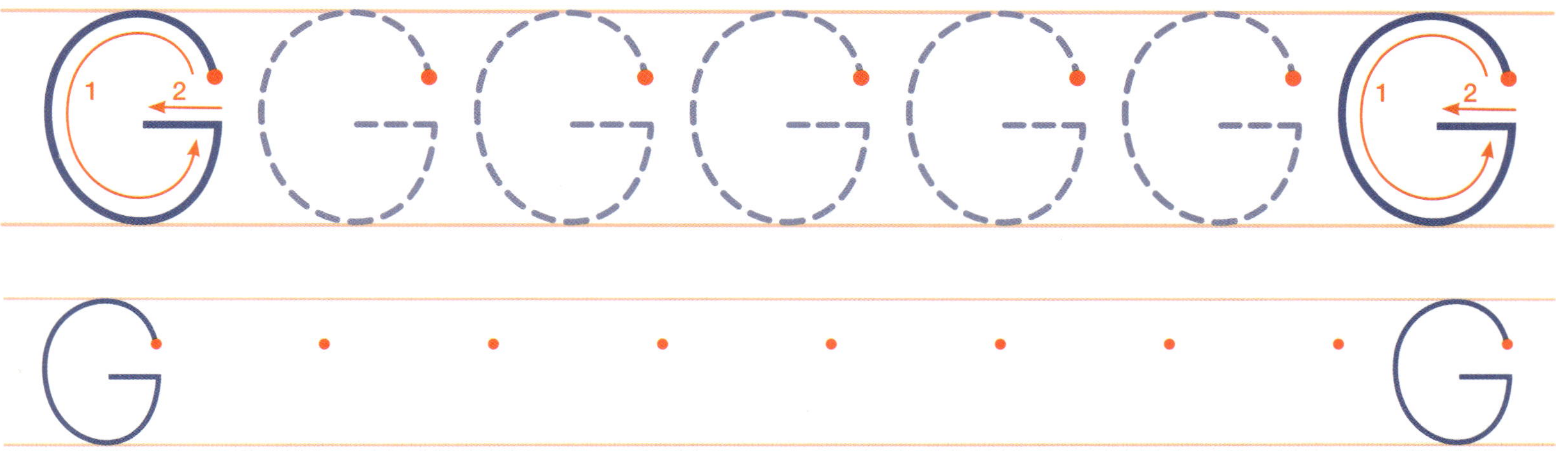


Repasse sur les lettres en pointillés pour compléter ces mots.

 GORILLE

 GOUTTE

 GUÊPE

 MARGUERITE

Belle a souvent un joli panier. Repasse sur les pointillés pour terminer le dessin de son panier.

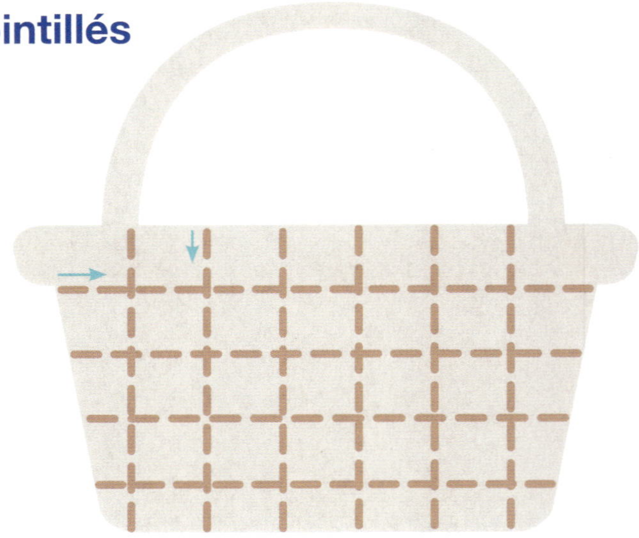

Repasse sur les pointillés en partant des points pour tracer ces lettres H.

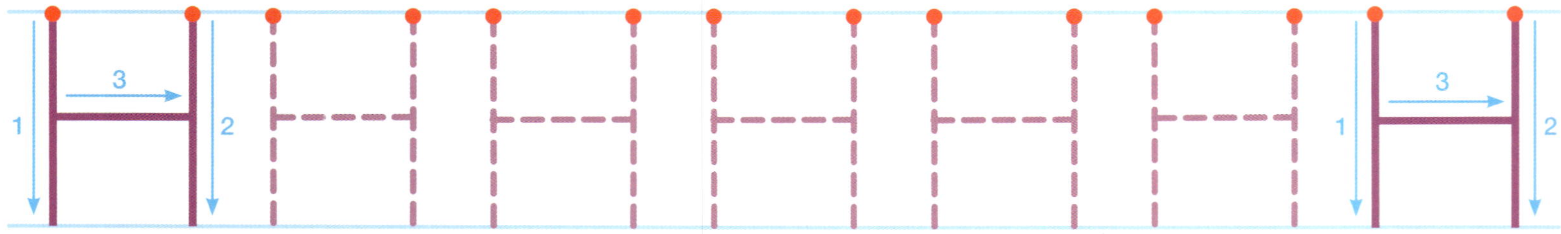


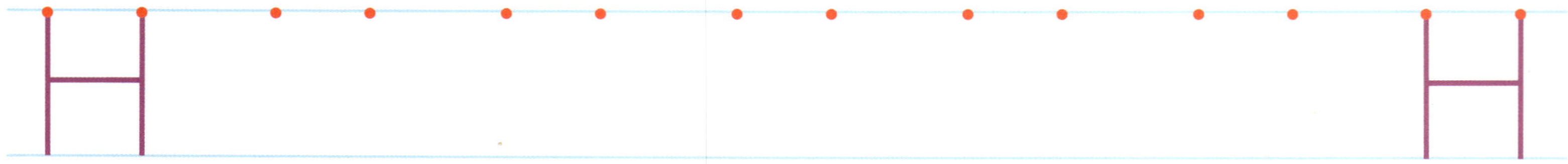

Repasse sur les lettres en pointillés pour compléter ces mots.

 HÉRISSON

 HUIT

 HERBE

 HARICOTS

Raiponce accroche de belles lanternes pour la fête.
Trace les fils de ces lanternes.

Repasse sur les pointillés en partant du point pour tracer ces lettres l.

Repasse sur les lettres en pointillés pour compléter ces mots.

FLYNN EST
POURSUIVI PAR
MAXIMUS.

Quelle jolie musique ! Repasse sur les pointillés pour tracer les notes produites par le piano de Berlioz.

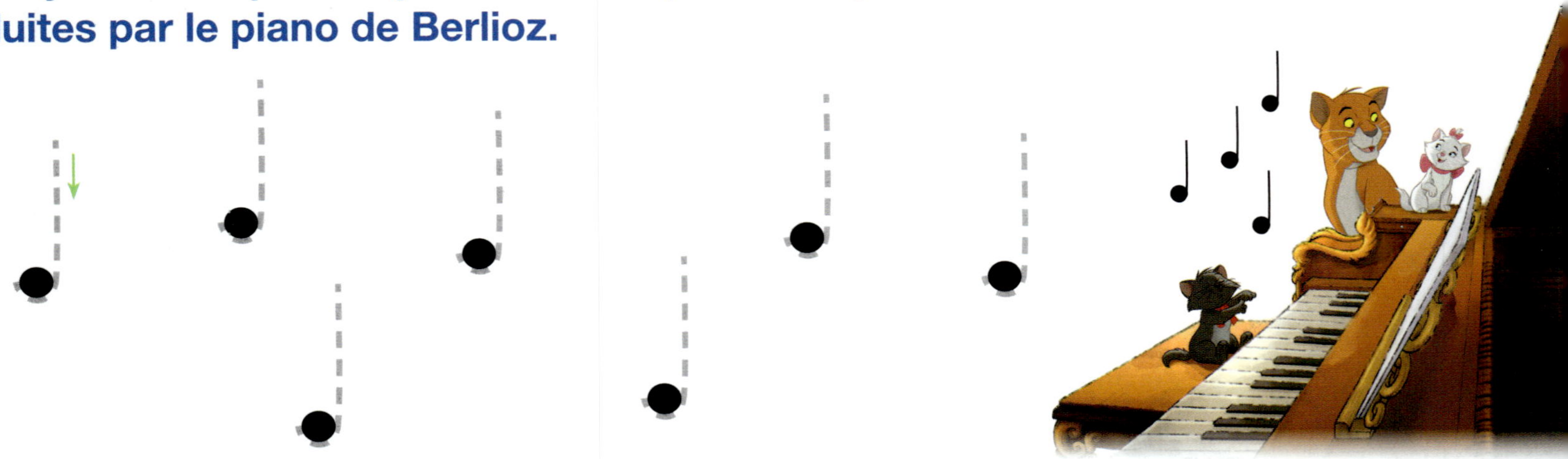

Repasse sur les pointillés en partant du point pour tracer ces lettres J.

Repasse sur les lettres en pointillés pour compléter ces mots.

JOURNAL

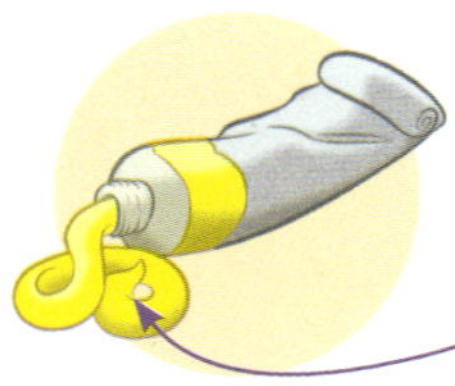
JAUNE

JONQUILLES

JUS

Clochette et les enfants veulent fêter le retour de Peter Pan.
Repasse sur les pointillés pour décorer la banderole.

Repasse sur les pointillés en partant du point pour tracer ces lettres K.

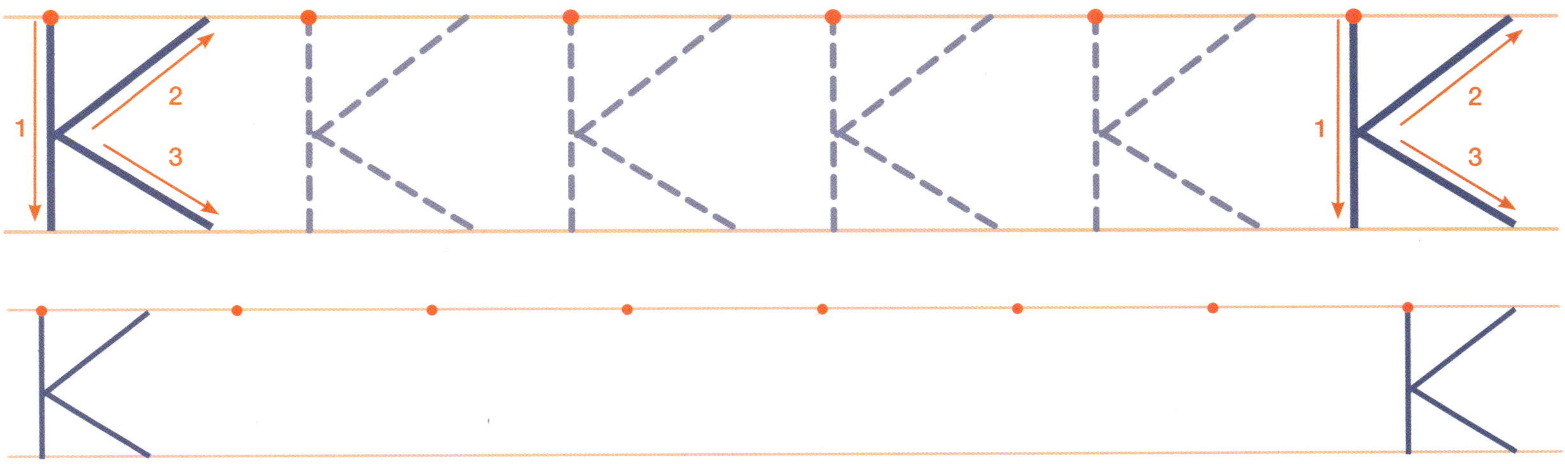


Repasse sur les lettres en pointillés pour compléter ces mots.

KOALA

KAYAK

KANGOUROU

KIWI

Linguini et Rémy préparent la nouvelle carte du restaurant.
Repasse sur les pointillés pour dessiner les menus.

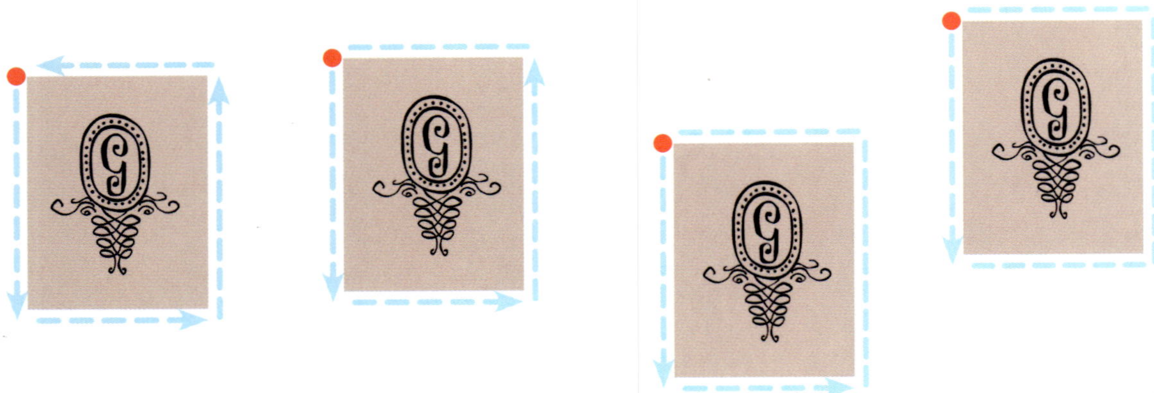

Repasse sur les pointillés en partant du point pour tracer ces lettres L.

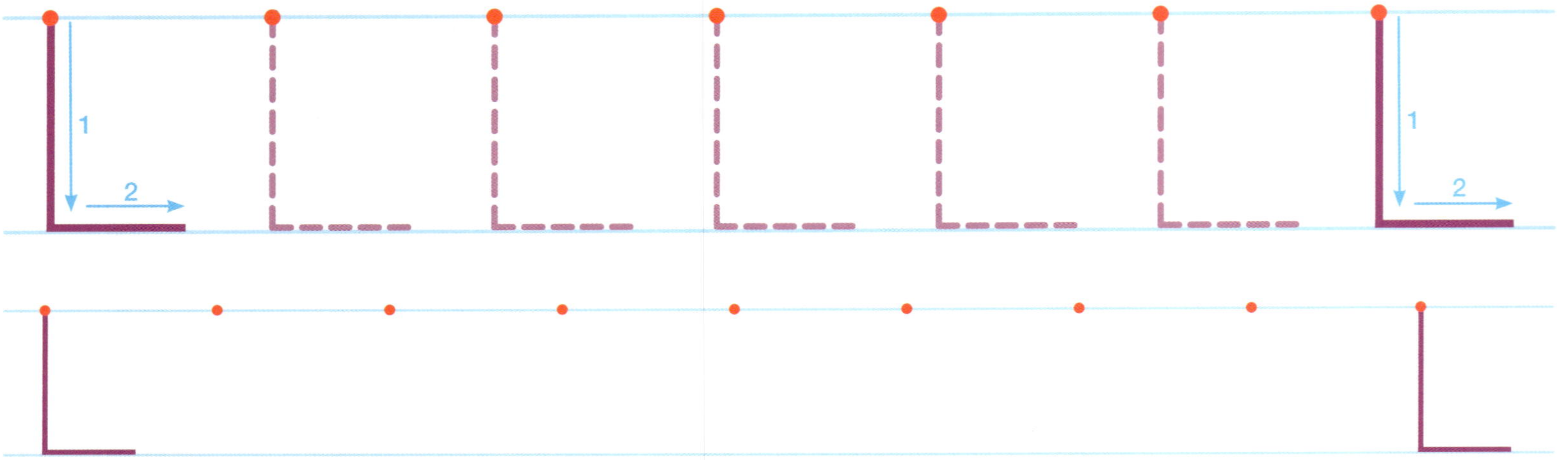


Repasse sur les lettres en pointillés pour compléter ces mots.

LOUCHE

LINGUINI

COLETTE

POÊLE

Mirabel et Luisa sont si heureuses sur cette photo ! Repasse sur les pointillés pour tracer les montagnes qui sont derrière elles.

Repasse sur les pointillés en partant du point pour tracer ces lettres **M**.

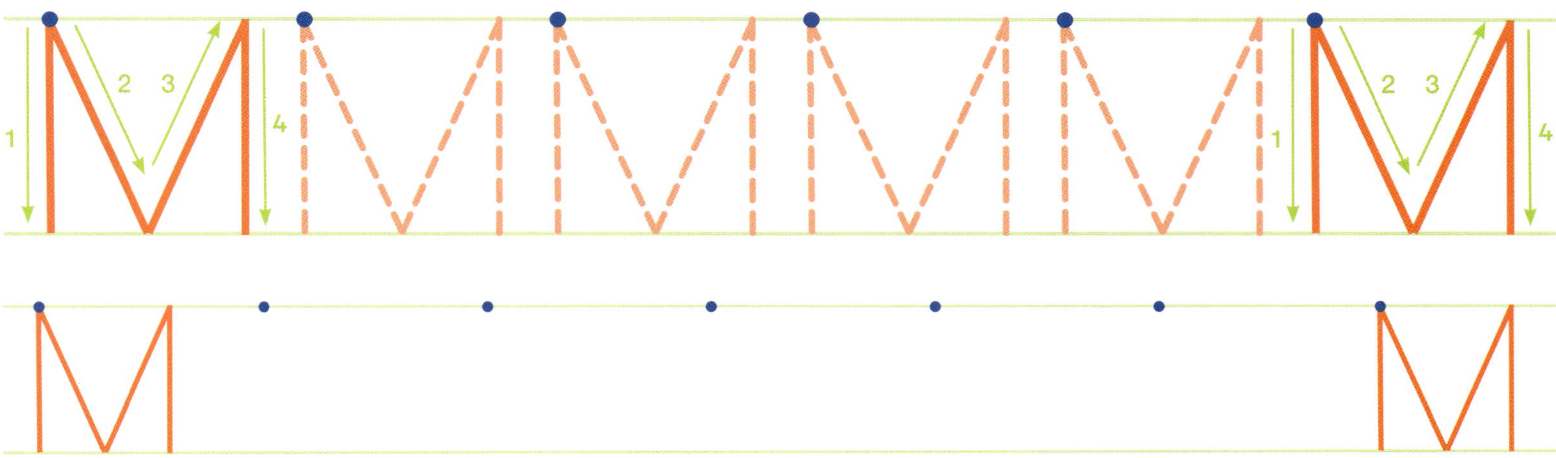

Repasse sur les lettres en pointillés pour compléter ces mots.

MIRABEL

MOULIN

MUR

MAMAN

Antonio et Camilo jouent au ballon ! Repasse sur les pointillés pour tracer les rebonds.

Repasse sur les pointillés en partant du point pour tracer ces lettres N.

N N N N N N N

N N

Repasse sur les lettres en pointillés pour compléter ces mots.

ANANAS

LUNETTES

BRUNO

BANANE

Iago aime beaucoup les biscuits, et n'a pas envie d'en laisser une miette !
Repasse sur les pointillés pour dessiner les biscuits.

Repasse sur les pointillés en partant du point pour tracer ces lettres O.

Repasse sur les lettres en pointillés pour compléter ces mots.

ORANGE

OREILLE

IAGO

CROCODILE

Chaque chiot dalmatien a décoré un panneau avec l'empreinte de sa patte !
Repasse sur les pointillés pour terminer la construction des panneaux.

Repasse sur les pointillés en partant du point pour tracer ces lettres P.

P P P P P P P

P P

Repasse sur les lettres en pointillés pour compléter ces mots.

PONGO ET PERDITA
PARTENT EN
PROMENADE.

Rémy va cuisiner une délicieuse omelette.
Repasse sur les pointillés pour dessiner les poêles.

Repasse sur les pointillés en partant du point pour tracer ces lettres Q.

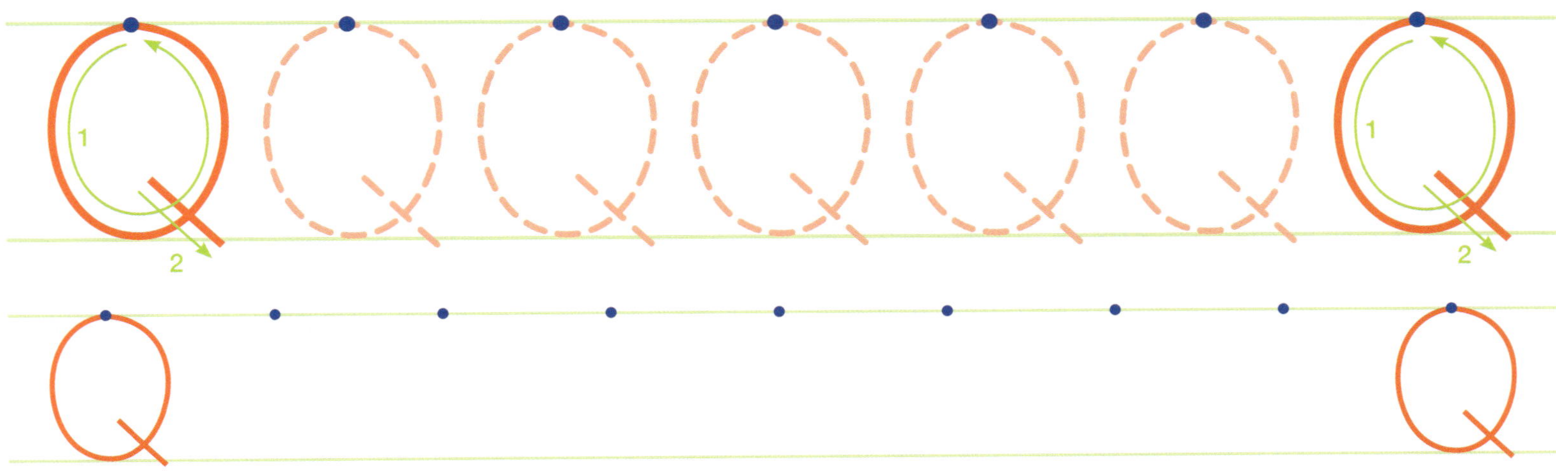

Repasse sur les lettres en pointillés pour compléter ces mots.

COQUILLE

PASTÈQUE

JONQUILLE

QUATRE

Attention au dangereux Shere Khan ! Repasse sur les pointillés pour tracer les lettres de son rugissement.

ROAR !
ROAR !

Repasse sur les pointillés en partant du point pour tracer ces lettres R.

R R R R R R R

R R

Repasse sur les lettres en pointillés pour compléter ces mots.

MUR

BAGHEERA

PIERRE

Les chatons jouent avec des pelotes de laine. Repasse sur les pointillés pour continuer de dessiner le fil des pelotes.

Repasse sur les pointillés en partant du point pour tracer ces lettres S.

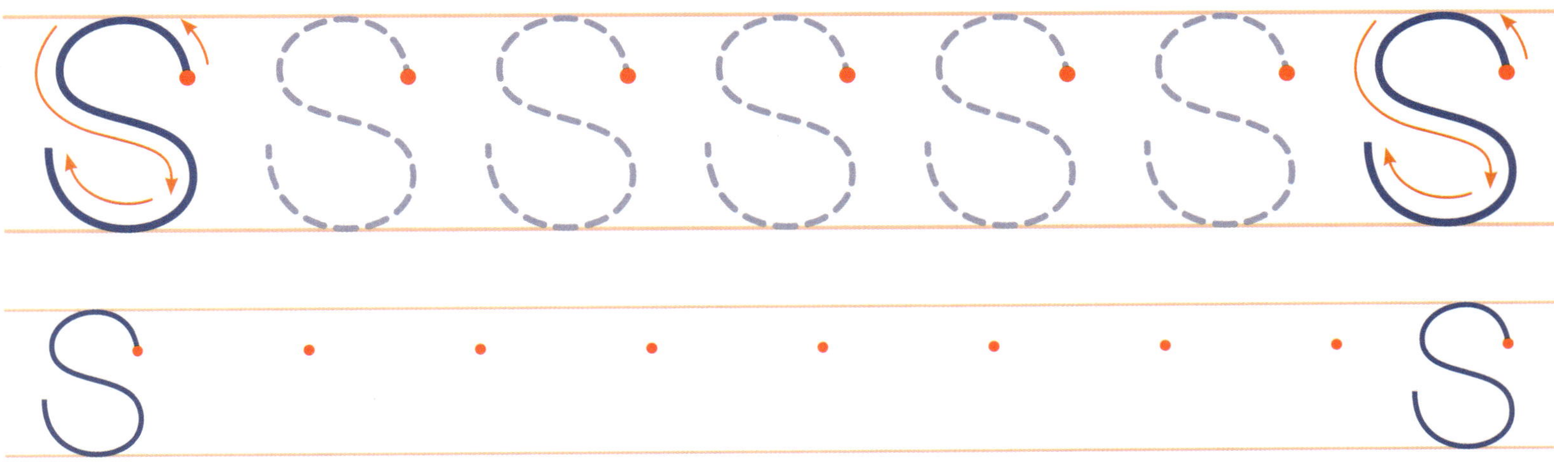

Repasse sur les lettres en pointillés pour compléter ces mots.

 SOURIS

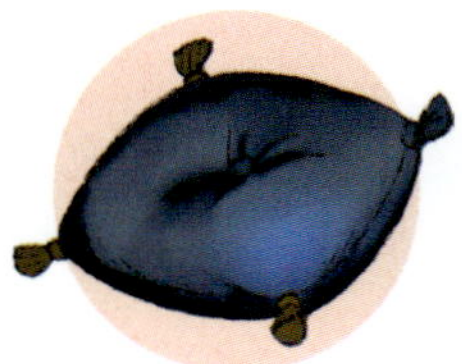 COUSSIN

 DUCHESSE

 SOLEIL

Raiponce prépare de délicieux petits gâteaux. Repasse sur les pointillés pour tracer les pieds des présentoirs à gâteaux.

Repasse sur les pointillés en partant des points pour tracer ces lettres **T**.

Repasse sur les lettres en pointillés pour compléter ces mots.

TABLEAU

PEINTURE

GUITARE

THÉIÈRE

Ariel aime nager dans l'océan. Repasse sur les pointillés pour dessiner les vagues.

Repasse sur les pointillés en partant du point pour tracer ces lettres **U**.

Repasse sur les lettres en pointillés pour compléter ces mots.

L'AMI D'ARIEL
A RECONNU
URSULA.

# V

Abu doit vite rejoindre Jasmine et Aladdin !
Repasse sur les pointillés pour dessiner les sauts d'Abu.

Repasse sur les pointillés en partant du point pour tracer ces lettres V.

1 2

1 2

Repasse sur les lettres en pointillés pour compléter ces mots.

ALADDIN S'ENVOLE
VITE À TRAVERS
LA CAVERNE.

Voici le crocodile qui terrorise le Capitaine Crochet !
Repasse sur les pointillés pour dessiner ses dents.

Repasse sur les pointillés en partant du point pour tracer ces lettres W.

Repasse sur les lettres en pointillés pour compléter ces mots.

WENDY

WAGON

SANDWICH

KIWI

Mowgli s'accroche de liane en liane à travers la jungle !
Repasse sur les pointillés pour compléter les lianes.

Repasse sur les pointillés en partant des points pour tracer ces lettres **X**.

X X X X X X X

X X

Repasse sur les lettres en pointillés pour compléter ces mots.

XYLOPHONE

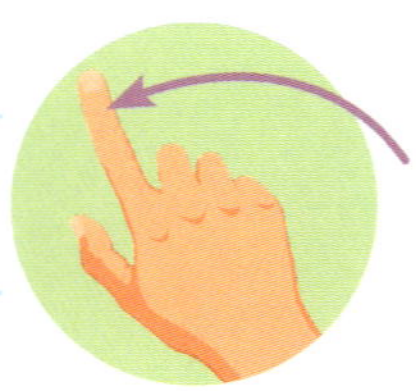
INDEX

SAXOPHONE

DIX

Timon aime beaucoup manger de petits insectes sur des feuilles !
Repasse sur les pointillés pour terminer le dessin de ces feuilles.

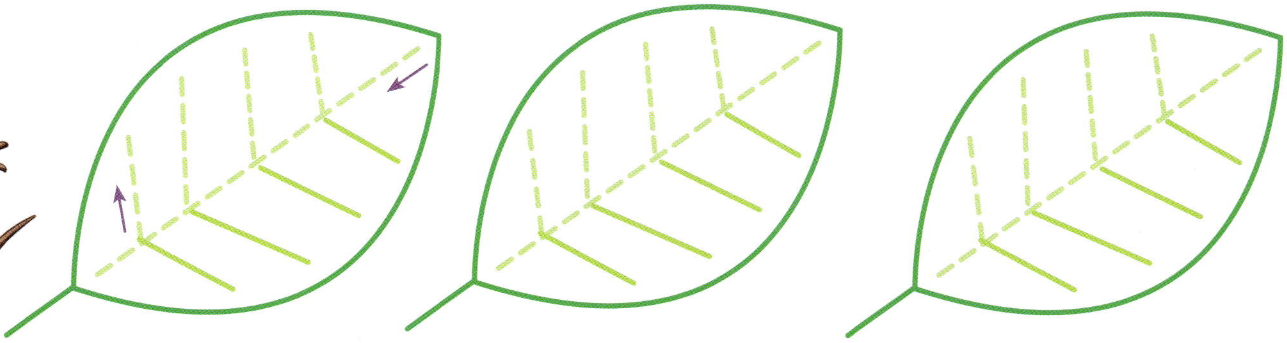

Repasse sur les pointillés en partant des points pour tracer ces lettres y.

Repasse sur les lettres en pointillés pour compléter ces mots.

 YEUX

 LYNX

 NOYAU

 CYGNE

Attention au Capitaine Crochet ! Repasse sur les pointillés des traces d'épée qu'il a laissées sur les parchemins.

Repasse sur les pointillés en partant du point pour tracer ces lettres Z.

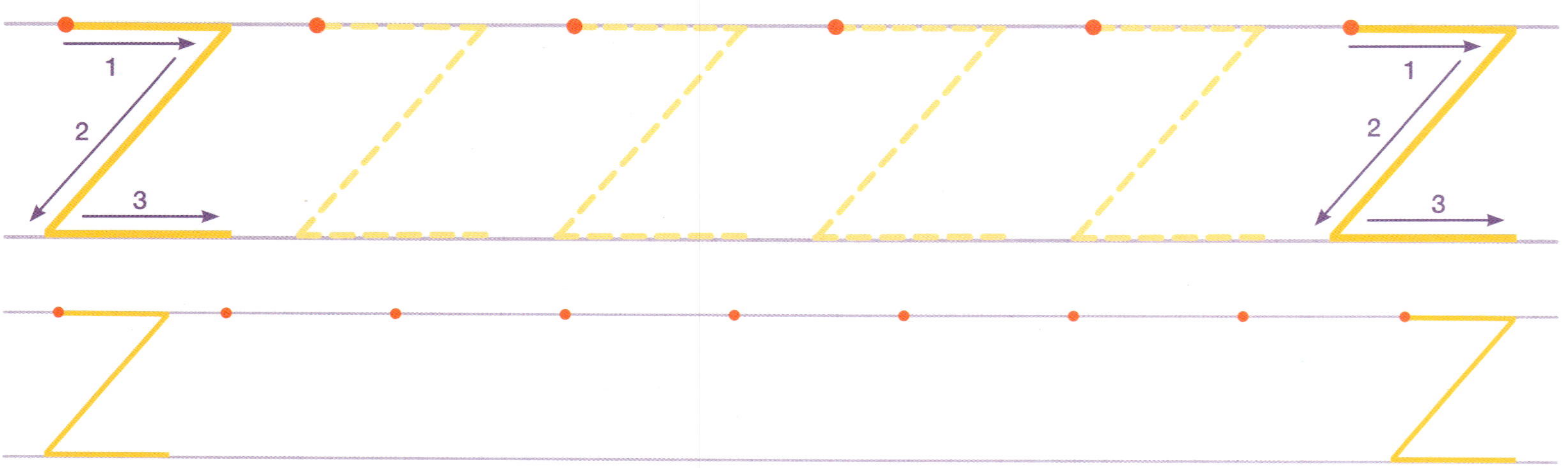


Repasse sur les lettres en pointillés pour compléter ces mots.

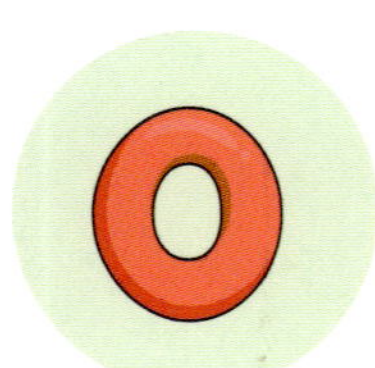
ZÉRO

LÉZARD

ZIGZAG

DOUZE

# JEUX DE LETTRES

Observe les prénoms de ces personnages, puis relie chacun d'eux au bol de lait qui porte la première lettre de son prénom.

Entoure les lettres qui forment ces mots.

VALISE

V D A U R
L S F I E

PATTE

R F T B N L
E C O T A P

# MON ALPHABET

A 
ARIEL

B 
BALOO

C 
COFFRE

D 
DALMATIEN

E 
ÉLÉPHANT

F 
FÉE

G 
GORILLE

H 
HYÈNE

I 
ISABELA

J 
JASMINE

K 
KAA

L 
LUMIÈRE

M
MIRABEL
N
NALA
O
O'MALLEY
P
PETER PAN
Q
QUILLES
R
RÉMY
S
SIMBA
T
TOUCAN
U
URSULA
V
VERRE
W
WENDY
X
XYLOPHONE
Y
YEUX
Z
ZAZU

# JEUX DE LETTRES

Relie chaque personnage à son nom. Aide-toi des modèles.

SIMBA

PUMBAA

SCAR

TIMON

TIMON    SCAR    SIMBA    PUMBAA

Écris ton prénom. Puis entoure dans l'alphabet les lettres qui composent ton prénom !

Je m'appelle...

A B C D E F G H I J K L M N

O P Q R S T U V W X Y Z